David Kunze

Beurteilung der Appeasement Politik

Unter Zuhilfenahme Winston Churchills Rede vom 5.10.1938 im Unterhaus

GRIN Verlag

Bibliografische Information der Deutschen Nationalbibliothek:

Die Deutsche Bibliothek verzeichnet diese Publikation in der Deutschen National-
bibliografie; detaillierte bibliografische Daten sind im Internet über http://dnb.d-
nb.de/ abrufbar.

Impressum:

Copyright © 2012 GRIN Verlag GmbH
Druck und Bindung: Books on Demand GmbH, Norderstedt Germany
ISBN: 978-3-656-47418-0

Dieses Buch bei GRIN:

http://www.grin.com/de/e-book/230899/beurteilung-der-appeasement-politik

GRIN - Your knowledge has value

Der GRIN Verlag publiziert seit 1998 wissenschaftliche Arbeiten von Studenten, Hochschullehrern und anderen Akademikern als eBook und gedrucktes Buch. Die Verlagswebsite www.grin.com ist die ideale Plattform zur Veröffentlichung von Hausarbeiten, Abschlussarbeiten, wissenschaftlichen Aufsätzen, Dissertationen und Fachbüchern.

Besuchen Sie uns im Internet:

http://www.grin.com/

http://www.facebook.com/grincom

http://www.twitter.com/grin_com

Beurteilung der Appeasement Politik

Unter Zuhilfenahme Winston Chruchills Rede vom 5.10.1938 im Unterhaus

Die Appeasement Politik bezeichnet die insbesondere vom britischen Premier-
minister Chamberlain geprägte Politik gegenüber dem Dritten Reich, die darauf
abzielte durch Zugeständnisse an Hitler einen Krieg mit Deutschland zu verhindern
und ihn es in ein kollektives Sicherheitssystem einzubinden.

Beurteilt man diese Politik allein unter der Zielsetzung, dass ihre Praktizierung einen
Krieg verhindert oder zumindest um Jahrzehnte („Frieden für unsere Zeit"[1])
hinauszuschieben sollte, so muss das Urteil negativ ausfallen. Der mit der Polen-
Invasion seitens Deutschlands am 1. September 1939 begonnene Zweite Weltkrieg
und die kurz darauf folgende Kriegserklärung von Frankreich und Großbritannien sind
der Beweis für das Scheitern der Politik an diesem Anspruch.

Hier soll jedoch eine differenziertere Betrachtung dieser Politik stattfinden.
Winston Churchill kritisiert in seiner Unterhausrede vom 5.10.1938 diese Politik
scharf, macht sie dafür verantwortlich, dass Großbritannien eine „durch nichts
gemilderte" Niederlage erlitten hat. Er schlägt auch selbst eine alternative
Handlungsweise vor. Im Folgenden soll die Appeasement Politik anhand einzelner
Ereignisse überprüft werden, dabei soll vor allen Dingen, dass von Churchill heftig
kritisierte Münchener Abkommen eingehend untersucht werden. Desweiteren sollen
Alternativen zur Politik betrachtet werden und ihre Realisierbarkeit hinterfragt
werden. Zuvorderst wird jedoch erst einmal die Situation der verschiedenen
Großmächte in den 30er Jahren kurz vorgestellt.

Die Weltmacht Großbritannien ist in denkbar schlechter Verfassung. Durch den
Ersten Weltkrieg ist man immer noch schwer angeschlagen, hat Probleme den
Weltmachtstatus zu konservieren und sieht sich den Bestrebung aggressiver Mächte
wie Japan Italien und Deutschland ausgesetzt. Dazu kommt eine kriegsmüde
Bevölkerung, die jede Politik, die ein erhöhtes Kriegsrisiko nach sich zieht, oder gar
auf einen Krieg hinarbeitet ablehnt und abwählt.

Frankreich ist außenpolitisch zu schwach um souverän zu agieren und stets auf die
Unterstützung Großbritanniens angewiesen. Die innenpolitische Situation ist instabil
und geprägt von häufigen Regierungswechseln. Das Land strebt danach den Versailler
Vertrag zu erhalten, um sich durch die Reparationen wirtschaftlich erholen zu können
und Deutschland als Bedrohung möglichst lange auszuschalten.

---

[1] http://de.wikiquote.org/wiki/Frieden, Zugriff: 10.12.12

Italien als mit Abstand schwächste Großmacht strebt unter Mussolini nach der Errichtung eines neuen Imperium Romanum. Er ist auf außenpolitische Erfolge angewiesen, um seine Herrschaft zu legitimieren und dementsprechend nicht an einem starken Deutschland interessiert.

Churchills Alternativprogramm, das er schon lange vor dieser Rede vertrat agiert nach drei Grundsätzen. Erstens, die Einrichtung einer Luftwaffe, die denen anderer Nationen in Reichweite überlegen ist.

Zweitens, die Sammlung der Nationen mit ihrer geballten Kraft.

Drittens, die Etablierung eines Bündnissystems, dass ebenso die Kräfte bündelt und damit dem Aufstieg Hitlerdeutschlands entgegensteht.

Dieses Programm versucht einen Krieg nicht durch Zugeständnisse, sondern durch Abschreckung und Begrenzung des deutschen Einfluss zu verhindern. Weiterhin steht im Kriegsfall ein überlegenes Militär zur Verfügung, dass einen Krieg recht schnell beenden können sollte. Es ist zu bezweifeln, dass die britische Wirtschaft überhaupt imstande gewesen wäre eine derartige Aufrüstung zu stemmen, ohne vollends zu kollabieren. Die wirtschaftliche Regeneration hätte sich jedenfalls entschieden verlangsamt. Weiterhin dürfte das Risiko, dass es dennoch zu einem Krieg kommt sehr viel höher sein, als bei einer Politik der Zugeständnisse, wenn Hitler sich eingekreist, oder existentiell bedroht sieht, ist es nicht unwahrscheinlich, dass er einer solchen Situation kriegerisch zu entfliehen sucht. Dann ist es hoch wahrscheinlich, dass Großbritannien zu einem Moment gezwungen wäre einen Krieg zu führen, da es weder militärisch noch wirtschaftlich dazu imstande gewesen wäre. Selbst, wenn man dennoch in der Lage gewesen wäre die deutsche Aggression abzuwehren, die Stabilisierung des Empires wäre ungleich schwieriger geworden. Da dieser Weg ein höheres Kriegsrisiko billigend in Kauf nimmt, ist es außerdem unwahrscheinlich, dass er politisch bei der kriegsmüden Bevölkerung durchsetzbar wäre. Insgesamt stellt dieses Konzept vor allen Dingen Anfang der 30er keine durchführbare Alternative dar.

Ein konfrontativer Kurs ist also insgesamt keine Option. Die Mächte brauchen Zeit, um ihre Lage zu stabilisieren und insbesondere ihre Wirtschaften wiederherzustellen. Damit bleibt nur die Politik des Appeasements. Da man Deutschland nicht durch Drohungen zum Frieden bringen kann, muss man es mithilfe von Zugeständnissen versuchen. Dabei ist es irrelevant, ob diese Politik in dem Glauben praktiziert wurde, dass man damit Hitler letzen Endes komplett zufrieden stellen könnte, oder ob von Anfang an klar war, dass dieser Weg nur für begrenzte Zeit gangbar ist. Entscheidend ist letztlich der Zeitgewinn. Es ist selbstverständlich, dass versucht werden sollte, Zugeständnisse so gering wie möglich zu halten und dafür möglichst viel Zeit zu gewinnen, also möglichst viel Regeneration für das eigene Land. Es steht außer Frage, dass Hitler mit jedem Zugeständnis an Macht gewinnt und ein Krieg immer größere Dimensionen annehmen würde, da Deutschland natürlich beständig militärisch aufrüstet.

Bei der Betrachtung von einzelnen Ereignissen soll vor allen Dingen untersucht werden, ob es nicht trotz der Kriegsmüdigkeit und der schlechten Wirtschaftslage nicht doch sinnvoller, angebrachter gewesen wäre Stärke zu zeigen und nicht nachzugeben. Deshalb soll betrachtet werden, was genau den Deutschen dabei zugestanden wurde und was die Zugeständnisse bedeuteten.

Das erste Zugeständnis an Deutschland stellt deren Wiedereinführung der Wehrpflicht und die Aufrüstung dar. Es ist klar, dass ein Krieg hier keine Option ist. Man kann der eigenen Bevölkerung keinen Krieg aufzwingen, nur weil ein Land aufrüstet und die Wehrpflicht einführt, selbst, wenn dies einen Verstoß gegen den Versailler Vertrag darstellt. Letzten Endes dürfte klar gewesen sein, dass jede revisionistische Regierung früher oder später gegen diese Bestimmung verstoßen hätte. Deutschland holt sich damit letztlich nur einen Teil seiner Souveränität zurück. Die Reaktion der Westmächte skizziert die praktische Nichtumsetzbarkeit einer weiteren Alternative zum Appeasement, die Teil des von Churchill geforderten Vorgehens ist: Ein Bündnis aller, oder zumindest vieler Deutschland umgebender Staaten. Eingeschränkt wird dies schon durch den konsequenten Ausschluss der Sowjetunion aus größeren Bündnissystemen. Aber auch ein Bündnis der weiteren wichtigen Mächte, die Stresa-Front scheiterte.

Die Front wurde als Reaktion auf die deutschen Vorstöße gegründet. GB[2], I[3] und F[4] bekannten sich gemeinsam zum Status quo und forderten D[5] zu diesem zurückzukehren. Es ist davon auszugehen, dass diese auch mit nichtkriegerischen Mitteln, wie einer Handelsblockade Hitler zumindest massiv hätten Schaden können. Weil die Großmächte jedoch nicht bereit waren, ihre Eigeninteressen zurückzunehmen scheiterte das Bündnis. Mussolini brach einen Krieg gegen Äthiopien vom Zaun, um seine Position im Inland zu verbessern, in dem sicheren Wissen, dass GB und F in nicht daran hindern würden, da sie ihn als Bündnispartner benötigten. Während er dafür von der internationalen Gemeinschaft heftig kritisiert

---

[2] Großbritannien
[3] Italien
[4] Frankreich
[5] Deutschland

wurde, verhielt sich D neutral und begann später sogar, mit Rohstofflieferungen und brachte I damit dazu, sich aus dem Bündnis zurückzuziehen. GB zog sich schon nach zwei Monaten aus dem Bündnis zurück, als man ein Flottenabkommen mit D abschloss. Dadurch hoffte man D ins internationale System einbinden zu können. Ein Bündnis gegen Hitler war also keine realistisch Option, da die Mächte sich nicht auf eine gemeinsame Linie gegen Deutschland einigen konnte.

Das erwähnte Flottenabkommen ist hingegen als klarer Erfolg für die Appeasement Politik zu bewerten, man schaffte es D in ein System einzubinden. Dadurch wurde dessen Aufrüstung kalkulierbarer und man gewann Sicherheit. Dass das Abkommen später von Hitler aufgekündigt wurde, schmälert das positive Urteil nur leicht, da es dennoch während seiner Gültigkeit D berechenbarer machte und es ein Kompromiss von deutscher Seite darstellt. Damit hat es die Appeasement Politik doch geschafft D im Gegensatz zu Churchills Behauptung zu einem Kompromiss zu nötigen. Er verzichtete zugunsten einer Annäherung an GB darauf eine Flotte zu bauen, die eine Gesamttonnage von mehr als 35% der britischen aufweist.

Die Tolerierung der Remilitarisierung des Rheinlands ist schon weniger positiv zu beurteilen. Dennoch stellt der deutsche Einmarsch in deutsches Gebiet, obwohl es sich wieder um eine klare Verletzung der Versailler Bestimmungen handelt keinen validen Kriegsgrund dar. Mit der Rückgewinnung der vollständigen Wehrsouveränität verletzt Deutschland keine vitalen Interessen seiner Nachbarländer. Obwohl sich damit an der deutsch-französischen Grenze wieder Truppen direkt gegenüber-standen, eine Pufferzone also wegfiel ist damit noch keine direkte Bedrohung Frankreichs gegeben. Dennoch ist anzumerken, dass man in dem Hitler hier gewähren ließ ihm einen ungemeinen Popularitätsschub zugestand, den er nötig hatte, da sich die Dynamik der Bewegung in der Zeit vorher deutlich reduziert hatte. Ein Krieg wäre aber keinesfalls zu rechtfertigen gewesen, auch, wenn ein Einmarsch aller Wahrscheinlichkeit nach das Ende des Naziregimes bedeutet hätte, ist der Verzicht auf diesen nicht zu kritisieren, vor allen Dingen, weil den Westmächten nicht klar gewesen sein konnte, wie sicher oder unsicher Hitlers innenpolitischer Stand war.

Ähnlich verhält es sich mit dem Anschluss Österreich. Zwar stellt dieser für Deutschland einen ungemeinen Machtzuwachs dar, es erlangt damit wohl endgültig den Status einer Großmacht zurück und ein Land wird annektiert. Anderseits war die Mehrheit der Österreicher schon nach dem Ersten Weltkrieg für einen Anschluss an Deutschland. Damit wurde diesem Volk also von den Großmächten lediglich das Recht auf Selbstbestimmung zugesprochen, das der Versailler Vertrag ihnen verwehrte. Damit wäre der einzige mögliche Grund für einen Krieg, der befürchtete

Machtzuwachs gewesen, der in dem Moment allerdings ohnehin schon nicht mehr zu verhindern gewesen wäre. Eine Kriegserklärung wäre wohl in einem Konflikt gegen beide Länder gemündet. Ein solches Vorhaben wäre nicht durchsetzbar gewesen. Es bleibt die Beurteilung des Münchener Abkommens bzw. der Sudetenkrise. Hitler verkündete als „letzt territoriale Forderung" an Europa, den Anschluss der Sudetengebiete an das Deutsche Reich. F und GB gaben der CSR[6] eine Garantierklärung, in der sei militärischen Beistand im Falle einer deutschen Aggression zusicherten. Da alle Zeichen auf Krieg standen hatte die CSR bereits die eigenen Truppen mobilisiert. Mehrmals schien ein Krieg unvermeidbar. Der Konflikt wurde schließlich mit dem Münchener Abkommen, dass ohne die Anwesenheit von Vertretern der CSR beschlossen wurde am 30.9.38 beigelegt. In dem Abkommen werden die sudetendeutschen Gebiete komplett Deutschland zugesprochen Churchill interpretiert dieses Abkommen als „durch nichts gemilderte Niederlage." Im Folgenden sollen seine Kritikpunkte am Abkommen vorgestellt und reflektiert werden. Abschließend soll seine Handlungsanweisung für die Zeit nach dem Abkommen untersucht werden.

Er sieht den Unterschied des Abkommens, zu einer anderweitigen Besetzung der sudetendeutschen Gebiete lediglich darin, dass Hitler die Speisen nicht vom Tisch raubte, sondern man sie ihm serviert hat. (Zeile 8) Hitler hat sich also nicht einfach genommen, was er wollte, sondern hat sich die sudetendeutschen Gebiete von den Westmächten „servieren" lassen.

Churchill mag mit seiner Metapher Recht haben, dennoch ist es unbestreitbar, dass man mit diesem „Herantragen" der Gebiete einen Krieg vorerst, wenngleich zu einem hohen Preis verhindert hatte. Es besteht keinerlei Zweifel daran, dass Hitler nicht nur bereit war, diesen Krieg zu führe, sondern ihn sogar führen wollte.[7] Trotz der Garantieerklärungen. Großbritannien begann zwar schon im Mai mit der Aufrüstung, Churchill sagt jedoch selbst, dass Großbritannien weder über eine wirklich kriegsfähige Luftwaffe, noch Luftabwehr verfügt.

Churchills Aussage, dass die Tschechoslowakei wohl in Kürze zerschlagen werden wird, mutet Angesichts der Realität dabei fast prophetisch an. Diese Zerschlagung ist als direkte Folge, des Abkommens zu betrachten, schaut man aber auf die militärischen Pläne Hitlers wäre dies ohne Appeasement eher noch früher geschehen. Dann hätte die CSR aber zugegebenermaßen zumindest die Chance gehabt für ihr

---

[6] Tschechoslowakei
[7] http://www.dhm.de/lemo/html/nazi/aussenpolitik/muenchnerabkommen/index.html; Zugriff: 10.12.12

eigenes Schicksal zu streiten, da man nicht von den Westmächten zu einer Räumung gezwungen worden wäre.

Churchill geht davon aus, dass das Abkommen die Staaten Mittel- und Osteuropas entfremdet. Dort stehen bereits prodeutsche Politiker an der Spitze, obwohl das Volk dem Totalitarismus Hitler's ablehnend gegenüber steht. Dort allerdings habe die Appeasement Politik die Hoffnungen des Volkes auf Unterstützung durch die Westmächte zunichte gemacht, weshalb diese ihr Heil in prodeutscher Politik suchen. Für diese Behauptungen finden sich kaum Belege. Zwar schlossen Dänemark, Estland und Lettland 1939 Nichtangriffspakte mit dem Deutschen Reich, Polen aber beispielsweise vertraute sich weiterhin den Westmächten an und in diesem Fall kamen die Mächte allen Bündnispflichten nach.[8]

Vor allem aber die negativen Einflüsse auf die Wirkungskraft einer britischen Seeblockade spielten tatsächlich keine Rolle. Hitler versorgte seinen Feldzug nicht über ehemals nach Westen orientierte Staaten in Ost-und Mitteleuropa, die sich aus Angst deutschfreundlich gaben, sondern hauptsächlich über die Sowjetunion. Es kann jedoch getrost davon ausgegangen werden, dass die Union aus freien Stücken mit Deutschland Handel betrieb und sich dabei in keinster Weise von den Westmächten im Handeln beeinflussen ließ, da man diesen eher feindlich gesinnt war. Die Appeasement Politik, konkret das Münchener Abkommen hat aber zur Zerschlagung der Armee der Tschechoslowakei geführt, die wenigstens 30 deutsche Divisionen gebunden hätte. (Zeile 48-50). Diese stehen Hitler natürlich dementsprechend dann an der Westfront zusätzlich zur Verfügung und müssen durch zusätzliche Truppen abgewehrt werden. Hinzu kommt, dass die deutsche Armee bei der Besetzung der Sudetengebiete und der späteren Besetzung der gesamten CSR große Mengen an Rüstungsmaterial erbeuteten.[9] Allerdings stellt sich hier wiederum die Frage, ob dies nicht ohnehin passiert wäre, da Hitler die CSR ohnehin bekämpfen wollte.

Viele von Churchills Kritikpunkten sind berechtigt. Dieses Zugeständnis ist mit Abstand das weitreichendste. Man gestand Hitler zu, die Souveränität, das Selbstbestimmungsrecht eines Landes aufs Massivste einzuschränken, beließ es aber nicht beim bloßen Tolerieren, sondern „servierte" Hitler die Gebiete tatsächlich selbst und ließ die Tschechoslowakei an den Verhandlungen um ihr eigenes Schicksal nicht einmal teilhaben. Man setzte letzten Endes sogar die gesamte Existenz der CSR aufs Spiel. Moralisch wäre hier ein Eingreifen nicht nur gerechtfertigt, sondern sogar

---

[8] http://de.wikipedia.org/wiki/Vorgeschichte_des_Zweiten_Weltkrieges_in_Europa, Zugriff: 12.12.12
[9] http://de.wikipedia.org/wiki/Zerschlagung_der_Rest-Tschechei, Zugriff: 12.12.12.

geboten. Desweiteren hat man zugelassen, dass die Wehrmacht große Mengen an Kriegsgerät aus den Beständen der tschechischen Armee erbeutet und gleichzeitig hat man eine potentiell verbündete Armee der kampflosen Vernichtung preisgegeben. Damit sprechen sowohl moralische, wie auch pragmatisch strategische Gründe klar für ein Eingreifen zugunsten der CSR. Dennoch ist hier, der Zeitgewinn definitiv wieder höher zu gewichten. 1938 war die britische Armee im Gegensatz zur deutschen Armee nicht auf einen Krieg vorbereitet. Die Aufrüstung hatte zwar begonnen, war aber natürlich noch lange nicht genug fortgeschritten. Weiterhin konnte man sich nach dem Münchener Abkommen berechtigte Hoffnungen darauf machen, dass man Hitlers Ansprüche endgültig befriedigt hatte und der Friede nun tatsächlich gesichert war. Obwohl sich diese Hoffnung natürlich schon nach kurzer Zeit als falsch erwiesen, besteht heute ein weitreichender Konsens darin, dass das Appeasement insbesondere beim Münchener Abkommen maßgeblich dafür verantwortlich ist, dass Großbritannien Deutschland im Zweiten Weltkrieg nicht unterlag, sondern triumphieren konnte. Das Münchener Abkommen bescherte den Westmächten die nötige Zeit sich auf den Konflikt vorzubereiten und weiter aufzurüsten.

Appeasement mag hier der richtige Weg gewesen sein, dennoch ist es unbestreitbar, dass man eine furchtbare moralische Niederlage erlitten hatte. Damit ist Churchills Interpretation zumindest teilweise zuzustimmen. Die Appeasement Politik war trotzdem pragmatisch richtig und auch 1938 alternativlos, die Schlüsse, die er aus der Situation zieht, sind jedoch die genau richtigen. Denn die Appeasement Politik sollte nie ihr eigentliches Ziel der Verhinderung erreichen. Deshalb sind seine Forderungen nach einer massiven Aufrüstung richtig und zu diesem Zeitpunkt auch umsetzbar. Die Wirtschaft ist erstarkt und imstande Rüstungsgüter zu produzieren. Weiterhin beginnt die Stimmung innerhalb der Bevölkerung sich langsam zu wandeln. D wird immer mehr als feindliche Macht begriffen. Man ist immer weniger zu weiteren Zugeständnissen und immer mehr zu einer militärischen Auseinandersetzung bereit. Die mit der Sudetenkrise beginnende Aufrüstung ermöglicht es GB sich nur etwas mehr als ein Jahr später erfolgreich gegen den deutschen Angriff zur Wehr zu setzen. Wie schon erwähnt muss die Appeasement Politik insgesamt als gescheitert betrachtet werden. Sie hat es nicht vermocht einen Krieg mit dem Deutschen Reich zu vermeiden. Spätestens mit der britischen Kriegserklärung an Deutschland nachdem dieses Polen angegriffen hat, ist dieses Ziel nicht mehr zu erreichen. Dennoch ist die Politik als alternativlos und damit richtig zu betrachten. Insbesondere in den frühen 30ern hatten die Westmächte keine andere Wahl, als einen Krieg unbedingt zu vermeiden, da dieser politische nicht durchsetzbar und wirtschaftlich nicht finanzierbar war. Ein konfrontativer Weg war dabei nicht gangbar, da dieser ebenso nicht zu finanzieren war und ein Bündnis zum Scheitern verurteilt war. Das Appeasement hat den Mächten die nötige Zeit verschafft sich wirtschaftlich zu erholen und insbesondere ab Mai 1938 aufzurüsten. Man hat dabei weitreichende Zugeständnisse gemacht, die teilweise gegen grundlegende demokratische Prinzipien verstoßen, man hat Niederlagen erlitten und in Kauf genommen, dass das Dritte Reich fortwährend aufrüstet und an Macht gewinnt, um am Ende trotzdem mit diesem Weg zu scheitern. Aber nur dieser Weg hat es den Westmächten, insbesondere GB ermöglicht sich nach dem Scheitern erfolgreich gegen die deutschen Aggressionen zur Wehr zu setzen Man konnte sich auf eine Kriegswirtschaft stützen, die kriegswichtige Güter bereitstellen und man verfügte über ein Rüstungsniveau, dass dem deutschen zwar unterlegen war, eine Verteidigung des eigenen Landes jedoch grundlegend ermöglichte. Damit ist die Appeasement Politik, um es mit einem abgewandelten Wort Churchills zu sagen, die schlechteste Politik gegenüber dem Dritten Reich gewesen, ausgenommen alle anderen.

Quellen:

http://de.wikipedia.org/wiki/Zerschlagung_der_Rest-Tschechei

http://de.wikipedia.org/wiki/Vorgeschichte_des_Zweiten_Weltkrieges_in_Europa

http://www.dhm.de/lemo/html/nazi/aussenpolitik/muenchnerabkommen/index.html

http://de.wikiquote.org/wiki/Frieden

http://de.wikipedia.org/wiki/M%C3%BCnchner_Abkommen

http://de.wikipedia.org/wiki/Winston_Churchill

http://de.wikipedia.org/wiki/Appeasement-Politik

http://de.wikipedia.org/wiki/Vereinigtes_K%C3%B6nigreich

http://de.wikipedia.org/wiki/Geschichte_der_Britischen_Inseln

Zugriff alle: 12.12.12